Rudolf A. Mark

Die Russische Revolution 1917

Inhaltsverzeichnis

Februarrevolution und Provisorische Regierung 1917

Es waren die kriegsmüden Soldaten an der Front, Arbeiterunruhen sowie die auf den Straßen Petrograds für eine bessere Versorgung demonstrierenden Frauen, die im Februar 1917 den Ausbruch der Revolution beschleunigten.

Die erste Massendemonstration hatte im Januar 1917 in Petrograd, dem heutigen St. Petersburg, stattgefunden. Seither kam die Hauptstadt Russlands nicht mehr zur Ruhe. Streiks und Demonstrationen weiteten sich aus und erreichten am 23. Februar, dem „Internationalen Frauentag", einen ersten Höhepunkt. Frauen und Arbeiter schlossen sich zusammen. Es kam zu Gewalttaten und der Plünderung von Brot- und Lebensmittelgeschäften.

Am 24. Februar legten die inzwischen aus allen Stadtteilen in die Innenstadt strömenden Demonstranten praktisch den Verkehr lahm. Sie radikalisierten sich, gerieten in Auseinandersetzungen mit der Gendarmerie und forderten Frieden und die Beseitigung der Autokratie. Übergriffe und Gewalttätigkeiten nahmen ein Ausmaß an, das von Gendarmerie und Militär bald nicht mehr kontrolliert werden konnte, zumal sich Kosaken und Soldaten mit den Demonstranten solidarisierten. Ihnen schlossen sich auch Angehörige höherer Klassen und Schichten an. Selbst Damen aus „besseren Kreisen" sollen den Aufständischen von den Balkonen zugewinkt haben.

Dies war nicht verwunderlich, da sich auch unter großen Teilen der Oberschicht Unzufriedenheit mit der Autokratie sowie der Wunsch nach Reformen und politischer Partizipation verbreitet hatte. Schuld daran war nicht zuletzt auch die

Vom östlichen Kriegsschauplatz.

Die Russen ergeben sich.

SZ Photo 01023262

Die Unzufriedenheit der Soldaten an der Front führte erst mit der Februarrevolution 1917 zu nachlassender Kampfbereitschaft und zunehmenden Desertionen von der Front. Es waren eher die Truppen in der Etappe und den Kasernen, die früh einen Unruhefaktor darstellten.

Lage an der Front. Nach schweren Niederlagen hatte Nikolaus II. 1915 selbst den militärischen Oberbefehl übernommen, ohne allerdings das Kriegsglück wenden und seine Position stärken zu können. Zudem waren Hofaffären der in Petrograd politisch schlecht beratenen Kaiserin, wachsende Wirtschaftsprobleme und rasche Regierungswechsel kennzeichnend für die allgemeine Lage. Gleichzeitig sah sich eine Mehrheit in

ullstein bild 00300658

Frauen demonstrieren auf dem Newskij-Prospekt in Petrograd. Auf den mitgeführten Spruchbändern fordern sie: „Gebt den Kindern der Verteidiger der Heimat zu essen“ und „Rationserhöhung für die Familien der Soldaten, den Verteidigern von Freiheit und Volksfrieden“.

der Staatsduma, dem Parlament, politischer Missachtung und zunehmender Einschränkungen seiner Rechte ausgesetzt, so dass dem Zusammenhalt von Staat und Gesellschaft der offene Bruch drohte.

In dieser Situation waren die Demonstranten am 26. Februar auf Befehl des Kaisers beschossen und auseinandergetrieben worden. Die Folgen waren verheerend, da nun die Unruhen auf die eingesetzten Garderegimenter übergriffen, die sich zur Meuterei erhoben.

Am 27. Februar waren 70.000 Mann der Petrograder Garnison und zwei Tage später 170.000 Soldaten an die Seiten der Aufständischen getreten. Diese ließen längst rote Fahnen fliegen und mitunter die Marseillaise erklingen. Sie besetzten strategisch wichtige Einrichtungen, bewaffneten sich, öffneten Gefängnisse und taten sich mit Aktivisten linker Gruppierungen zusammen, die der Bewegung eine radikale politische

AKG 5188444

Im linken Flügel des einst für den Eroberer der Krim, den Fürsten Potjomkin, erbauten Taurischen Palais, das seit 1906 Sitz der Staatsduma war, tagte nach der Februarrevolution der Sowjet der Arbeiter- und Soldatendeputierten.

Ausrichtung gaben. Im Taurischen Palais, dem Sitz der Staatsduma, gründeten am 27. Februar 1917 mehrheitlich Sozialdemokraten des menschewistischen, d. h.: des gemäßigten Flügels der Russländischen Sozialdemokratischen Arbeiterpartei ein „Provisorisches Exekutivkomitee“ für einen gewählten „Rat der Arbeiterdeputierten“. Dem so konstituierten Petrograder Sowjet der Arbeiter- und Soldatendeputierten folgte bald die Bildung entsprechender Räte in anderen Städten des Reiches.

Inzwischen reagierte die Staatsduma, die der Zar auflösen wollte, mit der Bildung eines Duma-Komitees. Es unterstellte sich die wichtigsten Ministerien, ging gegen Vertreter des alten Regimes vor und bildete nach Absprachen mit dem Generalstab und dem Petrograder Sowjet am 2. März eine

ullstein bild 04787442

Der rechte Flügel des Taurischen Palais war Sitz der Provisorischen Regierung. Erste Reihe zweiter von rechts Fürst Lwow, dem später Aleksandr F. Kerenskij (2. Reihe zweiter von rechts) als Ministerpräsident folgte.

Provisorische Regierung. Einen Tag später wurde mit dem Rücktritt Nikolaus II. auch das Ende der seit 1613 Russland regierenden Romanow-Dynastie besiegelt. Der Monarch hatte den Druck und die Forderungen der Straße zu spät ernst genommen, als auch die Duma ihr Vertrauen in ihn schon längst verloren hatte.

Die Provisorische Regierung stand unter dem noch von Nikolaus ernannten Ministerpräsidenten Fürst G. E. Lwow. Er bildete ein Kabinett, in dem zunächst nur ein gemäßigter Sozialist neben adeligen, großbürgerlichen und Unternehmerkreisen entstammenden Ministern saß. Sie wollten nur bis zum Zusammentreten einer verfassunggebenden Versammlung die Geschäfte führen und vor allem die Fortsetzung des Krieges an der Seite der Entente sicherstellen. Im Inneren wurde die Demokratisierung des Russländischen Reiches durch die Aufhebung aller Repressionen und Einschränkungen des Zarenregimes, die Auflösung des zarischen Verwaltungsapparats und der Polizei, die Durchführung von Wahlen sowie die Gewährung weitgehender lokaler und regionaler Selbstverwaltungsrechte vorangetrieben. Allerdings musste sich die Provisorische Regierung die Macht mit dem Petrograder Sowjet teilen, dessen Politik zusehends mehr die Zustimmung der Straße erhielt. Dort wurden radikale Veränderungen gefordert, auf die einzugehen, die Provisorische Regierung nicht imstande war. So sollte die endgültige Entscheidung über die die bäuerlichen Massen bewegende Landfrage der noch ausstehenden verfassunggebenden Versammlung vorbehalten bleiben, und ein sofortiger Friedensschluss mit den Mittelmächten kam für Lwow und seine Nachfolger auch nicht in Frage. Weitere Probleme waren Autonomiebestrebungen in einzelnen Teilen des Reiches und wachsende Differenzen zwischen den Koalitionären in der Regierung.

Dies alles spielte den radikalen linken Parteien und Gruppen in die Hände und begünstigte den Aufstieg der radikalen Vertreter der Sozialdemokraten, der Bolschewiki, unter Führern, die sich zur Revolution entschlossenen zeigten. Schon bald nach seiner Rückkehr aus dem Exil verkündete Wladimir I. Lenin in seinen April-Thesen einen Aktionsplan für die Bolschewiki. Die Provisorische Regierung als Verkörperung des alten Regimes musste bekämpft werden, alle Macht den Räten übergeben und mit der Parole „Brot, Land und Frieden“ die Bevölkerung für die Revolution gewonnen werden.

Auch wenn nicht alle Bolschewiki und Sozialisten wie Menschewiki und Sozialrevolutionäre seiner Strategie folgen wollten, Lenins Entschlossenheit blieb davon unberührt. Dank seiner Fundamentalopposition war er ein ständig präsenter Faktor der Petrograder Politik. Zudem erweiterten Reformdefizite und Misserfolge der Regierung das Aktionsfeld Lenins und seiner Anhänger, denen sich bald Lew D. Trotzkij anschloss, ein so skrupelloser wie brillanter Agitator.

Anfang Juli 1917 war unter dem neuen Kriegsminister und Ministerpräsidenten Kerenskij die letzte russische

AKG 5572043

Das Foto zeigt vorne in der Mitte Kerenskij im Sommer 1917 im Kreise von Offizieren.

Großoffensive gegen die Mittelmächte gescheitert. Die länger schon durch Desertion geschwächte Armee befand sich nun auch dank revolutionärer Agitation in Auflösung. Gleichzeitig führten Unzufriedenheit mit der Regierung und die enttäuschten Hoffnungen auf einen revolutionären Aufstand zu Streiks und Gewaltausbrüchen. Während sich dabei der Petrograder Sowjet loyal zur Regierung verhielt, unterstützten die Bolschewiki die Erhebung. Nach deren Scheitern wurden viele Bolschewiki verhaftet oder in den Untergrund getrieben, was ihren revolutionären Nimbus stärkte. Dazu bei trug auch der Versuch des russischen Oberbefehlshabers, General Lawr G. Kornilow, durch einen Putsch „Autorität und Ordnung" wiederherzustellen. Nur mit Hilfe von Bolschewiki, Roten Garden und Arbeiterkomitees konnte er verhindert werden. Infolge begannen sich die Machtverhältnisse zu verändern und die Stützen der alten Ordnung weiter aufzulösen, während an den Peripherien des Reiches von Finnland, über das Baltikum, Polen, die Ukraine, und bis nach Zentralasien Forderungen nach Autonomie oder gar Unabhängigkeit lauter wurden. Da die wechselnden Koalitionen der Provisorischen Regierung wenig Verständnis für diese Bewegungen zeigten und die Lösung der Nationalitätenfrage der Konstituante überlassen wollten, nahmen zentrifugale Tendenzen und die Destabilisierung des Landes zu. Chaos, Willkür, wirtschaftlicher Zerfall, Teuerung und Perspektivlosigkeit kennzeichneten die Lage. Das „schöne Antlitz der Revolution“ verzerrte sich zusehends mehr zur „Grimasse der Anarchie“, um eine Zeitung vom 1. Oktober 1917 zu zitieren. Dies beförderte die Pläne der Bolschewiki und ließ sie zum entscheidenden Machtfaktor werden.

http://funtema.ru/blog/cities/9541.html

Am 23. März/5. April 1917 fanden in Petrograd die öffentlichen Beisetzungsfeierlichkeiten der Opfer der Revolution statt. Beobachter waren beeindruckt von den Menschenmassen, die mit Orchestern, Fahnen und Transparenten den Toten das letzte Geleit gaben. Es wurde dabei ein würdiges Gedenken an die Gefallenen gefordert, auf Revolution und demokratische Republik wurden Hochs ausgebracht.

Der Oktoberputsch

Lenin drängte nun zum Aufstand und konnte sich schließlich gegen Widerstände im Petrograder Sowjet durchsetzen, dessen Vorsitz inzwischen Trotzkij innehatte. Beide nutzten die Gunst der Stunde, um die angestrebte Macht an sich zu bringen. Ihnen halfen das wenig zielgerichtete Handeln Kerenskijs und dessen schwindende Macht. Angesichts eines möglichen deutschen Angriffs und zur Kontrolle des Petrograder Militärs wurde ein Revolutionäres Militärkomitee gebildet, in dem Trotzkij und Bolschewiki das Kommando innehatten. Das Komitee erklärte am Morgen des 25. Oktobers die Absetzung der Provisorischen Regierung. Am Abend wurden von Rotgardisten und Soldaten wichtige Einrichtungen der Hauptstadt besetzt sowie das im Winterpalais verbliebene Restkabinett unter Kerenskijs Stellvertreter verhaftet. Allerdings wurden die Minister nach einer Erklärung, sich politischer Aktivitäten zu enthalten, am 26. Oktober wieder freigelassen. Der Premier war auf dem Weg, loyale Truppen zur Verteidigung Petrograds zu organisieren. Die Bevölkerung selbst hatte eine weitgehend ruhig Nacht erlebt.

Folgt man den offiziellen sowjetischen Darstellungen, hatte gegen 23.00 Uhr ein Schuss des Panzerkreuzers „Aurora" das „Signal zum Sturm [...] der letzten Feste der Provisorischen Regierung", der Zaren-Residenz, des Winter-Palais gegeben. Dessen Erstürmung war, so die Mär, „ein heroischer Augenblick der Revolution... ein furchtgebietender, blutiger, aber auch ein herrlicher und unvergesslicher Augenblick. Im Dunkel der Nacht, erhellt vom zuckenden Feuerschein der Schüsse, ergoss sich aus allen anliegenden Straßen und Häuserzügen die mächtige dunkle Welle der angreifenden Rotgardisten, Matrosen und Soldaten. Sie stolperten, fielen, erhoben sich wieder unterbrachen jedoch für keinen Augenblick ihren wie ein

AKG 579709

Der Panzerkreuzer „Aurora“ lag am Kai gegenüber dem Winterpalais, griff aber nicht aktiv ein. Für die Oktoberrevolution hat er eher symbolische Bedeutung, da Matrosen eine wichtige Rolle unter den Revolutionären spielten. Zudem ist bis heute die Meuterei auf dem „Panzerkreuzer Potjomkin“ der Schwarzmeer-Flotte ein wesentliches Element der Erinnerung an die Russische Revolution von 1905. Der von Sergej Eisenstein unter diesem Titel gedrehte Film dürfte dazu entscheidend beigetragen haben.

Orkan ungestümen Strom.“ Tatsächlich verlief die Besetzung aber recht unspektakulär, da nur eine Handvoll Offiziersschüler, Reste einiger Kompanien und ein Frauenbataillon zur Verteidigung des Winterpalais verblieben waren. Schüsse waren wohl zu hören gewesen, Kämpfe gab es nicht wirklich. Nach einem Augenzeugenbericht war nicht einmal der Wachtposten am Eingangsportal besetzt. Der große Sturm als „Massenspektakel“ fand erst 10 Jahre später, im berühmten Film „Oktober“ von Sergej Eisenstein statt (H. Altrichter).

So war der Machtwechsel in der Hauptstadt fast kampflos und weitgehend unblutig vonstatten gegangen. Schon am

AKG 2458811

Eine ganze Serie von Gemälden sowjetischer Künstler zeigt Lenin als Führer der Revolution im Smol'nyj, dem Sitz des Rates der Volkskommissare, dem er nach dem Oktober-Putsch vorstand. Zuvor wirkte er aus dem finnischen Exil. Organisation und Durchführung der Oktoberrevolution lagen fast ausschließlich in den Händen Lew Trotzkijs.

25. Oktober war die Räterepublik ausgerufen und nachfolgend die neue Regierung, der Rat der Volkskommissare (SNK), als vorläufige Regierung gebildet worden. Ein Tag später wurden die ersten Dekrete verabschiedet, in denen die Eigentumsrechte an Grund und Boden abgeschafft und der Abschluss eines gerechten und demokratischen Friedens gefordert wurden. Zudem holten sich die Bolschewiki die Zustimmung des II. Allrussischen Sowjetkongress für ihren Staatsstreich, nachdem die gemäßigten Sozialisten protestierend den Saal verlassen hatten. Mit der Ausnahme Moskaus und der nichtrussischen Peripherien verlief auch im übrigen Russland der Machtwechsel in der Regel „friedlich und undramatisch". Er war bis zum 3. November weitgehend abgeschlossen und hatte die Bolschewiki insgesamt 500 Tote gekostet.

Dem Umsturz folgten die Säuberung der Gouvernements und der wichtigsten Städte von Oppositionsgruppen sowie der Versuch, neue Verwaltungsstrukturen aufzubauen. Dies erwies sich auch deshalb als schwierig, da selbst viele Bolschewiki dem eigenen Erfolg nicht trauten. Entschlossenes Auftreten schien daher das Gebot der Stunde. Die lang erwartete Konstituante lieferte ein weiteres Beispiel. Da die Bolschewiki nur 24 % der Stimmen für die am 5. Januar 1918 anberaumte Versammlung erreicht hatten, wurde diese kurz nach ihrem Zusammentreten von den Bolschewiki brachial aufgelöst. Sie proklamierten noch im Januar auf dem III. Allrussischen Sowjetkongress die Gründung der Russländischen Sozialistischen Föderativen Sowjetrepublik, RSFSR.

Kriegsaustritt und Bürgerkriegsakteure

So erfolgreich der Rote Oktober auch war, es entwickelten sich Opposition und konkurrierende Machtzentren. Der Ausbruch der erhofften Weltrevolution war hinter den Fronten des Weltkrieges noch nicht in Sicht. Einige Generäle und Politiker begannen, sich an der Wolga und im Gebiet der Don-Kosaken zu sammeln, Finnland erklärte die Unabhängigkeit, und in der Ukraine zeigten sich Separationsbestrebungen. Zudem harrte die Landfrage einer Lösung. Als dringend wurde nun von Lenin die Beendigung des Krieges mit den Mittelmächten betrachtet, die eine Frontlinie hielten, die von Riga bis zur Donaumündung reichte. Daher bot die Sowjetregierung einen Waffenstillstand und Friedensverhandlungen an, die am 22. Dezember 1917 aufgenommen wurden. In Berlin war man über die Verhandlungen sehr froh, da nun die Verlegung von Truppen nach Westen möglich wurde. Gleichzeitig hoffte die von Adolf A. Joffe und Trotzkij als Außenkommissar geführte sowjetische Delegation auf eine Atempause an ihrer westlichen Peripherie und auf eine Gelegenheit, der Welt das bolschewistische Revolutionsprojekt vorzustellen.

Die Verhandlungen kamen nur langsam voran, da es nicht nur um militärische, sondern auch um weitreichende politische Entscheidungen ging. Außerdem gewann die Nationalitätenfrage eine wachsende Bedeutung. Die Februarrevolution hatte nämlich eine Welle nationaler Selbstbestimmungsbestrebungen hervorgerufen und zur Proklamation territorialer Autonomie bei den muslimischen Völkern im Nordkaukasus und in Zentralasien geführt. Bis zum Februar 1918 hatten dann Finnland, Estland, Litauen und Bessarabien ihre Unabhängigkeit erklärt sowie die turkestanischen Khanate von Buchara und Chiwa den Widerstand gegen sowjetische Vereinnahmung aufgenommen.

Einen besonderen Fall bildete die Ukraine. Dort hatte nach dem Sturz der Zarenherrschaft die Zentralrada, ein revolutionäres Vorparlament, die autonome Ukrainische Volksrepublik (UNR) ausgerufen, die nach dem Oktoberumsturz die Separation von Russland erklärte. Da die UNR keine Hilfe von den Entente-Mächten erhielt und vor bolschewistischen Angriffen nach Westen ausweichen musste, schlossen ihre Vertreter am 8. Februar mit den Mittelmächten den sogenannten „Brotfrieden“. In diesem Separatfrieden wurde die UNR zu einem anerkannten Völkerrechtssubjet, wofür sich die ukrainische Regierung zu umfangreichen Getreide- und Rohstofflieferungen nach Deutschland und Österreich verpflichtete. Proteste der Sowjetregierung wurden mit militärischen Vorstößen geahndet. So marschierten am 18. Februar deutsche und Habsburger Truppen in die Ukraine ein, um die von den Bolschewiki aus Kiew vertriebene Rada-Regierung zu restituieren und das Land unter die Kontrolle der Mittelmächte zu bringen. Die Sowjetregierung musste schließlich nach zähen Verhandlungen und „zähneknirschend“, so ein Teilnehmer, am 3. März 1918 einem Diktatfrieden zustimmen, dem ein Ergänzungsvertrag am 27. August 1918 folgte. Durch diese Abkommen verlor Russland Polen und die Ukraine, Litauen, Lettland, Estland, Finnland sowie Teile des Kaukasus und damit über 30 % der Bevölkerung des Russländischen Reiches und wichtige Rohstoffvorkommen.

Im April 1918 wurde die Rada-Regierung von Berlin durch den ehemaligen Zarengeneral Pawlo Skoropadskyj als Hetman der Ukraine ersetzt. Er hatte für die Einhaltung der in Brest getroffenen Vereinbarungen und für stabile Verhältnisse in der Ukraine zu sorgen. Die Niederlage der Mittelmächte führte auch zum Sturz Skoropadskyjs und zur Erneuerung der UNR Ende 1918. Die Ukraine wurde bald ein wichtiger Schauplatz des Bürgerkriegs, der in vielfältiger Gestalt von der Ostsee bis in den Kaukasus, nach Zentralasien und Sibirien wütete und das durch den Krieg erschöpfte Land mit weiterer Zerstörung, Gewalt und Tod überzog.

Wikipedia

Die sowjetische Verhandlungsdelegation in Brest-Litowsk. Zu Beginn gehörten ihr als Vorsitzendem Adolf A. Joffe (sitzend in der Mitte) sowie Trotzkij (stehend 2. von rechts) an. Obgleich Trotzkij durch die Mitnahme eines Arbeiters und einer Terroristin neue Akteure und einen neuen diplomatischen Stil demonstrieren wollte, machte er bei der formalen Couture eine Ausnahme. Die Revolutionäre hatten sich neu eingekleidet.

Die Sowjetmacht, die seit März 1918 in Moskau residierte, musste nach dem Friedensschluss von Brest alle Kräfte auf den Aufbau und die Verteidigung des Sowjetstaates konzentrieren. Die Innen-, Sozial- und Wirtschaftspolitik war als „Kriegskommunismus" nach deutschem Weltkriegsvorbild auf Zentralisierung der Ressourcenverwaltung ausgerichtet, um alle Mittel für den Bürgerkrieg zu mobilisieren. Bauern und Betriebe hatten ihre gesamte Produktion oft entschädigungslos der Regierung zu überlassen, die ihrerseits nach Gutdünken und Bedarf umverteilte. Speziell eingerichtete Komitees, die zuständigen Volkskommissariate und vor allem die Geheimpolizei, die Außerordentliche Kommission zur Bekämpfung von Konterrevolution und Sabotage (Tscheka), sorgten mit brutaler Gewalt für die Durchsetzung der Moskauer Befehle.

SZ Photo 01023187

Links auf dem Podest steht der Gründer und erste Leiter der Tscheka Felix E. Dserschinskij. Er war verantwortlich für die Brutalität und den Mord der „Tschekisten“ an Tausenden von Menschen, die oft nur auf einen Verdacht hin exekutiert oder zu Tode gequält wurden.

Gleichzeitig wurden Streitkräfte aufgestellt, um Separatisten und nationale Kräfte in den Peripherien zu bekämpfen, die auch Einfallspforten antisowjetischer Interventionen bildeten. Die Entente-Mächte hielten nämlich an der Politik des „einen, unteilbaren Russland“ fest, wie sie mit Flotten im Schwarzen Meer und der Ostsee sowie Hilfeleistungen für die antisowjetischen Kräfte deutlich machten. Paris und London waren zunächst an der Hilfe Russlands zur Fortsetzung des Krieges gegen die Mittelmächte interessiert. Nach dem Kriegsaustritt Sowjetrusslands und dem Brester Frieden war der Kampf Londons und Paris‘ dann gegen den Antikapitalismus der Sowjetmacht gerichtet. Beide Mächte wollten zudem Einflusssphären in Osteuropa schaffen und die Rückzahlung von Russlands

Außenschulden erzwingen. Außerdem hatten die Westmächte ihrem russischen Verbündeten Waffen, Munition und Ausrüstungsmaterial geliefert, Vorräte, die nun in die richtigen Hände geraten sollten. Auf Unterstützung der Entente warteten zahlreiche „Weißgardisten“, d. h. Generäle, Politiker und Anhänger verschiedener Parteien. Sie begannen sich im Sommer 1918 unter den Generälen Anton I. Denikin, Pjotr N. Krasnow und anderen Führern im Don-Gebiet, im Nordkaukasus sowie zwischen Wolga und Ural militärisch zu formieren. Zudem fanden erste Versuche zur Bildung eines „Nationalen Zentrums“ und von Gegenregierungen statt. Im Kaukasus, der kasachischen Steppe sowie in Russisch-Turkestan destabilisierten zugleich panturanische und panislamische Bewegungen die alte Ordnung und verhinderten eine rasche Machtergreifung durch die Sowjets. Gleichzeitig intervenierten britische Truppen in Nordrussland, im Transkaspischen Gebiet und in Turkestan, während sich im Fernen Osten angesichts japanischer Aktivitäten auch die USA militärisch zu engagieren begannen. Entente-Truppen unter französischem Kommando standen zudem bis April 1918 in und um Odessa. Auch Italiener, Griechen, Rumänen u. a. gehörten zu den Interventen.

ullstein bild 01644633

Auf dem Plakat ist zu lesen: „Bürger! Gebt uns Waffen". Entwurf von Alexander Apsit.

Der Bürgerkrieg

Der russische Bürgerkrieg begann im Mai 1918 mit einer Meuterei der Tschechoslowakischen Legion, einer aus kriegsgefangenen und desertierten Soldaten der Habsburger-Monarchie aufgestellten Truppe. Sie hatte als Verbündete an der Seite Russlands gestanden und sollte auf Wunsch der Westmächte nach Frankreich verlegt werden. Die Legionäre widersetzten sich aber der von Trotzkij befohlenen Entwaffnung und bemächtigten sich der Transsibirischen Eisenbahn, um über Wladiwostok nach Westeuropa und nach Hause zu gelangen. Die bestens ausgerüsteten und disziplinierten Tschechoslowaken besetzten wichtige Städte und Knotenpunkte, wobei sie eine sich rasch ausweitende antisowjetische Erhebung oppositioneller Gruppen und Bewegungen auslösten. Bauern, ethnische Minderheiten, vor allem aber Sozialrevolutionäre und andere vor den Bolschewiki nach Osten ausgewichene Politiker, Bürger und Militärs organisierten sich, um den Kampf gegen die Sowjets aufzunehmen. In Samara an der Wolga konstituierte sich im August eine antibolschewistische Regierung, während eine zweite, die sich in Omsk formierte, einen Teil Sibiriens zu kontrollieren versuchte.

Ein Grundproblem dieser weißen Regierungsgebilde waren ihre unklare Programmatik und die Uneinigkeit ihre Protagonisten. Dies änderte sich auch nicht, als im November 1918 Admiral Alexander W. Koltschak an die Macht kam und von nun als „Oberster Regent“ wie ein Diktator an der Spitze der „Weißen“ stand. Er konnte sich auf reaktionär-monarchistische Kreise sowie auf die Briten stützen. Diese begannen jedoch – wie die übrigen Alliierten auch – ihre direkten Interventionen in Russland nach und nach einzustellen. Auf Konferenzen in Jassy (Rumänien) und Odessa Ende 1918 sowie auf der Insel

Prinkipo im Marmara-Meer im Februar 1919 wurde dies deutlich. Gleichzeitig scheiterte dort der Versuch, alle Bürgerkriegsparteien an einen Verhandlungstisch zu bringen, von der Friedenskonferenz in Paris ganz zu schweigen.

Für den Rückzug der Interventionsmächte dürfte neben fehlender Abstimmung und divergierenden Interessen der Alliierten auch die zwischenzeitlichen Erfolge der Bolschewiki eine Rolle gespielt haben. Sie hatten bis Ende 1918 einen Aufstand der Sozialrevolutionäre niederschlagen und sich gegen die Proteste der Mangel leidenden städtischen Bevölkerung sowie die Streiks der Industriearbeiterschaft behaupten können. Im Juli 1918 war zudem angesichts der aus Sibirien nach Westen vorrückenden Weißgardisten die in Jekaterinburg gefangen gehaltene Zarenfamilie auf bestialische Weise ermordet worden.

Die von Trotzkij erfolgreich reorganisierte Rote Armee sowie die Tscheka hatten längst ihre Tauglichkeit und Skrupellosigkeit unter Beweis gestellt. Brutalität und rücksichtslose Gewaltanwendung gegen jede Art von Widerstand und Opposition waren wesentliche Merkmale des Bürgerkrieges. Tatsächliche und vermeintliche Gegner wurden vernichtet, weil sie nach bolschewistischer Auffassung von der Geschichte zum Untergang verdammt waren. Gewalt war auch ein Mittel der Politik und wurde als Abschreckung, als Akt bewusster Terrorisierung oder einfach aus Lust am Quälen angewandt. Nicht anders als bestialisch zu nennen waren antisemitischen Pogrome und ähnliche Verbrechen, deren sich Rote wie Weiße schuldig machten. Besonders berüchtigt waren die „Kämpfer“ des „Anarchistenführers“ Nestor Machno in der Ukraine oder die Truppe des deutschbaltischen Barons Roman F. Ungern von Sternberg, deren Brutalität und Gewaltanwendung in Südsibirien und der Mongolei kaum erklärbar erscheinen.

Die Gewalt hatte viele Ursachen. Sie war im Zarenreich ein Medium der Machtausübung gewesen. Gewalt und Willkür waren auch Erfahrungen der Soldaten des Weltkrieges. Mit dem Zarenregime waren zudem Normen, Rechtsorgane und Ordnungsstrukturen verschwunden. Es herrschte Anarchie und das Recht des Stärkeren. Die Anwendung von Gewalt resultierte zudem bei den Kommunisten aus deren Unvermögen, auf dem Dorf Fuß zu fassen und dem immer wichtiger werdenden nationalen Faktor gerecht zu werden. Die Bauern hatten bereits nach der Februarrevolution begonnen, sich Land zu nehmen. Sie wehrten sich massiv gegen sowjetische Versuche der Nationalisierung von Grund und Boden sowie die zahlreichen Beschlagnahmungen und Plünderungen. Jeder Widerstand wurde aber rücksichtslos niedergeschlagen. Der rote Terror traf alle, die als „Schädlinge“, „Konterrevolutionäre“ oder „Spione“ zu Feinden der Sowjetmacht abgestempelt wurden. Das Ergebnis waren flächendeckende Unzufriedenheit und Aufstände selbst der Industriearbeiterschaft Petrograds und im März 1921 der Matrosen der Seefestung Kronstadt. Dieser einst als „Hort der Revolution“ gefeierte Marinestützpunkt konnte erst nach dem Einsatz von Artillerie und loyalen Marineeinheiten gestürmt und eingenommen werden.

ullstein bild 00192740

Der Bürgerkrieg war auch ein Krieg der Propaganda: Trotzkij hält Wacht gegen die Konterrevolution; Trotzkij in der Kleidung eines Rotarmisten und rot eingefärbt – allegorische Darstellung .

Die nationale Frage und der drohende Zerfall des Reiches

Nach sowjetischer Auffassung sollte im ehemaligen zarischen „Vielvölkergefängnis" grundsätzlich das Selbstbestimmungsrecht der Völker zur Anwendung kommen. Praktisch sollte es aber nur den werktätigen Massen zustehen, die sich zum Sozialismus bekannten. Außerdem wollten die Bolschewiki das imperiale Erbe des Zarenreichs antreten, das zunächst vor allem die Sicherung des ostslawischen Kerngebietes verlangte. Die Kontrolle über das riesige Territorium zwischen Brest und Wladiwostok, Wyborg und dem Pamir war conditio sine qua non, wollte der Sowjetstaat auf Dauer im internationalen Mächtespiel bestehen. Zudem hoffte Lenin, die Revolution über die islamisch-orientalischen Völker in die Kolonien und Zentren der Kolonialmächte exportieren zu können. Dem standen jedoch nationale Unabhängigkeitsbestrebungen sowie Einfluss und Intervention der ausländischen Mächte in den Randgebieten entgegen. So schien im Sommer 1919 das Ende der RSFSR bereits absehbar. Die Bolschewiki waren im Zentrum Russlands von allen Seiten eingeschlossen. Seit Anfang des Jahres drängten estnische Truppen, finnische und deutschbaltische Verbände sowie weiße Freiwillige unter General Nikolaj N. Judenitsch die Roten über die Narwa zurück und bedrohten Petrograd. Etwa zur gleichen Zeit hatte sich eine weißgardistische Truppe unter General Jewgenij K. Miller aus Archangelsk nach Süden in Bewegung gesetzt und Admiral Koltschak mit Hilfe der Tschechoslowakischen Legion einen Vorstoß über Perm und Ufa zur Wolga unternommen. Außerdem hatte General Denikin einen an das linke Dnjeprufer angelehnten Vorstoß nach Norden begonnen, so dass die Tage der Sowjetmacht gezählt zu sein schienen.

ullstein bild 03047542

Kavalleristen der Roten Armee wie sie auch in den Reihen der berühmten „Reiterarmee“ unter Budjonnyj standen.

Tatsächlich waren dann aber Ende des Jahres 1919 alle weißen Offensiven unter erheblichen Verlusten gescheitert. Die mangelhafte Koordinierung der Operationen, die schlechte Kampfmoral der Truppen und die fehlende Unterstützung durch die bäuerliche Bevölkerung, denen die Weißgardisten nichts zu bieten hatten, waren dafür verantwortlich. Auch die Weigerung General Denikins, die UNR unter Symon W. Petljura als politischen und militärischen Partner zu akzeptieren, und der hartnäckige Widerstand der Roten Armee unter Trotzkijs Kommando haben wesentlich zum Scheitern der Weißen beigetragen. Der Kriegskommissar verstand es, den Kampfeswillen seiner Truppen auch mittels brutalster Disziplinierungsmaßnahmen zu mobilisieren und jedes Versäumnis der Weißen klug zu nutzen.

Während des gesamten Bürgerkrieges eilte Trotzkij, den Revolver am Koppel, mit seinem Panzerzug von Stellung zu

Stellung, um Defizite zu beseitigen, Kommandeure zu kontrollieren, Erschießungen anzuordnen und die Soldaten nach vorne zu treiben. Außerdem verfügte er über ausgezeichnete Heerführer, die wie z. B. der Befehlshaber an der Ostfront Michail W. Frunse oder der im Süden mit seinen roten Kavalleriekorps die Entscheidung erzwingende Semjon M. Budjonnyj ihre Operationen rasch, entschlossen und rücksichtslos durchführten.

Nach dem Erfolg der Bolschewiki wurde der weiße „Reichsverweser" Koltschak von den Alliierten und den Tschechoslowaken endgültig aufgegeben und an die Sieger ausgeliefert, die ihn Anfang 1920 hinrichteten. Bauernaufstände in seinem Hinterland und die erfolgreiche Gegenoffensive der Roten Armee zwangen auch Denikin im Frühjahr 1920, die Reste seiner auf die Krim geflüchteten Truppen an General Baron Pjotr N. Wrangel zu übergeben. Dieser scheiterte nach vergeblichen Erneuerungsversuchen der Weißen Bewegung und einer von den Rotarmisten zurückgeschlagenen Offensive. Mitte November 1920 musste er seine dezimierten Truppen zusammen mit Bürgerkriegsflüchtlingen von den Häfen der Krim evakuieren.

Im Transkaukasus hatte sich unter antibolschewistischen Vorzeichen im November 1917 ein Transkaukasisches Kommissariat und im April 1918 eine unabhängige Transkaukasische Demokratische Föderative Republik gebildet, die rasch Kontakte mit Deutschen und Türken aufnahm. Innere Zwistigkeiten, interethnische Spannungen sowie die in Brest-Litowsk getroffenen Gebietsabtretungen Russlands führten zur Auflösung der Föderation. Aus ihr gingen im Mai 1918 die unabhängigen Republiken Georgien, Armenien und Aserbaidschan hervor, wobei Deutsche und Türken, aber auch Briten als Protektorats- bzw. Besatzungsmächte Einfluss nahmen. Erst nach der Einrichtung eines Kaukasischen Büros durch die Kommunistischen Partei Russlands/Bolschewiki im April 1920 und mit der militärischen Kontrolle über den Nordkaukasus konnten sich die sowjetischen Kräfte allmählich durchsetzen. Auch der 1920 für die Armenier unglücklich ausgegangene Krieg mit der Türkei und der Rückzug der Besatzungsmächte begünstigte die Etablierung der bolschewistischen Herrschaft. Sie wurde 1921 auch in Georgien errichtet, das 1922 mit Aserbaidschan und Armenien zur Transkaukasischen Sozialistischen Föderativen Sowjetrepublik zusammengeschlossen wurde.

In den zentralasiatischen Gebieten, der Kasachen-Steppe und Russisch-Turkestan, hatten Versuche zur Etablierung von Sowjets zunächst wenig Erfolg. Die nach der Oktoberrevolution gebildete kasachische Regierung Alasch-Ordu hielt Distanz zu den Bolschewiki, denen es erst 1920 gelang, im Gebiet von Kasachen und Kirgisen eine Landesverwaltung aufzubauen.

Im Generalgouvernement Turkestan gestaltete sich die sowjetische Machtübernahme bedeutend schwieriger und langwieriger. Die im April 1917 in Taschkent proklamierte Turkestanische Sowjetrepublik musste erst die Autonomiebestrebungen der indigenen Bevölkerung zwischen dem Fergana-Tal im Osten, dem Aral-See und Aschchabad im Süden niederkämpfen sowie einer drohenden Einmischung von Briten und Deutschen entgegenwirken. Tatsächlich hatten die Briten im Sommer 1918 aus dem Iran zwei Expeditionskorps Richtung Baku und zur Transkaspischen Eisenbahnlinie in Marsch gesetzt, während gleichzeitig deutsche Agenten in Turkestan aktiv wurden.

Im Zuge der deutschen Randstaatenpolitik waren die ehemaligen zarischen Vasallenstaaten Chiwa und Buchara mit ihren traditionsgebundenen Eliten und Herrschern für Berlin von Interesse. Die Khanate erwiesen sich als antisowjetische Bollwerke, die der sowjetischen Machtübernahme in Turkestan erhebliche Probleme bereiteten. Das mit Afghanistan verbündete Buchara leistete den hartnäckigsten Widerstand. Erst 1920 konnten die beiden Khanate von Frunses Truppen und einheimischen Aufständischen erobert und der RSFSR eingegliedert werden. Die Herrschaft der Kommunisten in Zentralasien blieb aber auch dann noch gefährdet, weil die aus dem antisowjetischen Widerstand im Fergana-Tal und Buchara entstandene Basmatschi-Partisanenbewegung noch bis Ende der 1920er-Jahre die Sowjetmacht herausforderte.

Der Polnisch-Sowjetische Krieg, der um die Grenze Polens mit dem Sowjetstaat sowie um Weißrussland und die Ukraine geführt wurde, bildete die letzte Phase des Bürgerkrieges. Während die weißrussische Nationalbewegung im Bürgerkrieg keine selbstbestimmte Rolle spielen konnte, gehörten die nationalen ukrainischen Revolutionäre zu den Akteuren im Kampf um die Herrschaft links und rechts des Dnjeprs. Die UNR unter Petljura – mittlerweile zwischen allen Fronten fast aufgerieben – musste sich Ende 1919 mit dem polnischen Staatschef Józef Piłsudski verbünden. Dieser wollte die Bolschewiki aus den historischen Ostgebieten Polens vertreiben, d. h. aus Weißrussland und der Ukraine. Der mit diesen Zielen im April 1920 vom Zaun gebrochene polnisch-ukrainische Angriff wurde jedoch von einer massiven sowjetischen Gegenoffensive unter Michail N. Tuchatschewskij zurückgeschlagen und führte nach Vermittlung durch die Alliierten zu einem Waffenstillstand. Im März 1921 folgte in Riga ein Friedensvertrag, der die Grenze zwischen der restituierten polnischen Republik und der sich nun formierenden Sowjetunion festlegte. Damit wurde zugleich das Scheitern des ukrainischen Unabhängigkeitskrieges besiegelt. Westweißrussland und die Westukraine wurden Polen zugeschlagen, während die übrigen Gebiete als Weißrussische und Ukrainische Sowjetrepublik mit der RSFSR und der Transkaukasischen Föderation zur Sowjetunion zusammengeschlossen wurden.

ullstein bild 07872773

Bis zum Untergang der Sowjetunion bot der Sieg der Revolution Anlass für alle Arten von politischer Propaganda. Das Plakat fordert von den Angehörigen der Baltischen Flotte: „Entwickelt und mehrt auf bolschewistische Weise die revolutionären und kämpferischen Traditionen des Großen Oktobers, schützt wachsam die heiligen Grenzen unserer Sozialistischen Heimat!“

Der Sieg der Revolution

Die Uneinigkeit der „Weißen“, deren politisches Spektrum von den gemäßigten Sozialrevolutionären, Demokraten und liberalen Konservativen bis hin zu Monarchisten und rechtsextremen Kräften reichte, sowie deren mangelhafte und reaktionäre Programmatik ermöglichten den Sieg der Bolschewiki im Bürgerkrieg. Deren Entschlossenheit, Brutalität, aber auch ihre revolutionären Visionen mobilisierten Bürger und Arbeiter und erreichten auch die Masse der bäuerlichen Bevölkerung. Nicht weniger wichtig war die Fähigkeit der Bolschewiki und allen voran Trotzkijs, in kürzester Zeit die Rote Armee aufzustellen und gegen Widerstände in den eigenen Reihen zahlreiche erfahrene Offiziere der zarischen Armee als Spezialisten für die Kriegsführung unter den roten Bannern zu gewinnen. So gelang es, auch zentrifugale nationale Bewegungen an den Peripherien zu besiegen. Allerdings auch dadurch, dass die Kommunisten den nationalen Faktor ernst nahmen und für den Aufbau eines föderativen Sowjetstaates nutzten.

Wikipedia

Dabei setzte die Überhöhung der Ereignisse zum Zwecke der Propaganda recht früh ein. Boris Kustodiev (1878–1927) ließ einen übergroßen „Der Bolschewik" 1920 durch eine Stadt laufen (Öl auf Leinwand, 101 × 141 cm).

Literatur

Anin, David (Hrg.): Die russische Revolution von 1917 in Berichten ihrer Akteure. München 1976.

Aust, Martin: Die Russische Revolution: vom Zarenreich zum Sowjetimperium. München 2017.

Behrends, Jan Claas u. a. (Hrg.): 100 Jahre Roter Oktober. Zur Weltgeschichte der Russischen Revolution. Berlin 2017.

Figes, Orlando: Die Tragödie eines Volkes. Die Epoche der Russischen Revolution 1891–1924. München 2001.

Helmut Altrichter, Russland 1917. Ein Land auf der Suche nach sich selbst, 2. durchges. u. erweiterte Aufl. Paderborn 2017.

Haumann, Heiko (Hrg.): Die Russische Revolution 1917, 2. überarbeitete u. erweiterte Auflage. Wien u. a. 2016.

Katzer, Nikolaus: Die weiße Bewegung in Russland: Herrschaftsbildung, praktische Politik und politische Programmatik im Bürgerkrieg. Köln u. a. 1999.

Lobkowicz, Nikolaus (Hrg.): Russische Revolution. Köln 2007.

Lorenz, Richard u. a. (Hrg.): Die Russische Revolution 1917. Der Aufstand der Arbeiter, Bauern und Soldaten. Eine Dokumentation. München 1981.

Manfred Hildermeier: Russische Revolution, 2. Aufl. Frankfurt a. M. 2013.

Moritz, Verena/ Leidinger, Hannes: Die Russische Revolution. Wien u. a. 2011.

Pipes, Richard: Die Russische Revolution, Bde. 1–3. Berlin 1992/1993.

Reed, John: Zehn Tage, die die Welt erschütterten, 21. Aufl. Berlin 1988.

Suchanow, Nikolaj N.: 1917. Tagebuch der Russischen Revolution. Ausgewählt, übertragen und hg. von Nikolaus Ehlert. Vorwort von Iring Fetscher. München 1967.